Restons calmes !

www.casterman.com

ISBN 978-2-203-04759-4

N° d'édition : L.10EBBN001587.N001

Soledad Bravi
Restons calmes !

casterman

JE PASSE MES JOURNÉES ASSISES À DESSINER. EN FIN D'APREM,
JE SUIS TOUTE RATATINÉE... ET J'AI AUSSI DU MAL À MONTER LES ESCALIERS...

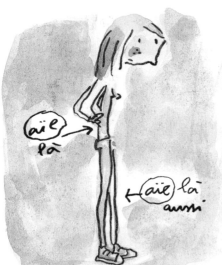

épuisée au 2e étage

soufflant comme
un boeuf en cherchant
mes clés au 3e ...

ET FORCÉMENT À FORCE DE NE RIEN FAIRE...

vous sortez d'où vous ?

HORREUR ! une culotte de cheval

et là, tout de suite, tu visualises un truc épouvantable :

LE PANTALON DE CHEVAL

IL VA FALLOIR FAIRE QUELQUE CHOSE... MAIS...

j'suis pas sûre d'être capable d'arrêter les hérissons ...

vous ne savez pas ce que sont des hérissons ?

...malheureux...

LE HÉRISSON, C'EST COMME UN NOUNOURS ...

...MAIS AVEC EN PLUS, UNE FINE COUCHE DE CARAMEL ET DU RIZ SOUFFLÉ

COUPE DU HÉRISSON

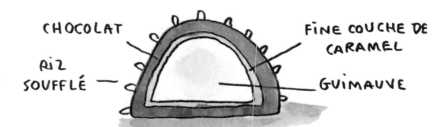

CHOCOLAT

FINE COUCHE DE CARAMEL

RIZ SOUFFLÉ

GUIMAUVE

...alors que je fais un plein de courses

... une petite voix m'appelle (en italien bien sûr, c'est plus sexy...)

... vraiment, vraiment, je n'y pensais pas...

ma conscience bouillonne

Hum !
y a plus qu'à
arrêter de
manger
et faire du
sport !

BOUH
OUH
OUH

y'a rien de plus atroce qu'un régime...

je finis mon repas, je suis affamée...

je marche dans la rue, j'ai faim...

je m'interdis de penser nourriture...

... de penser bonbons...

... de penser gras...

... JE PENSE SALADE...

je fantasme salade (pitoyable)...

je me suis lobotomisée ...

mon goûter, ce n'est plus
des petits écoliers® ou un
paquet de palmitos® ou encore
2, 3 tablettes de milka® aux
noisettes, non, non...

chouette
de la
frisée
...

l'angoisse de reprendre
du poids m'a aspiré
le cerveau

Kilos Kilos Kilos Kilos Kilos Kilos Kilos Kilos Kilos Kilos Kilos Kilos Kilos

ce qui est flippant, c'est de
savoir que de toute façon,
je vais reprendre, parce que
mon corps va s'habituer en
bouffant des trucs dégueu,
genre aubergines-poireaux...

AAAAAAH!
je grossis
en ne
mangeant
que des
endives
bouillies
...

j'vais arriver à un
point où je ne me
nourrirai que de thé...

miam!

... et j'habiterai aux
w.c, ce sera plus
simple...

Piii Piiiii

Tous les livres de régime vous le disent : il faut aussi faire du sport.. J'adore le tennis mais quand on ne pratique pas un autre sport, on fatigue vite

J'en déduis qu'il faut faire deux sports : un pour le plaisir, l'autre pour être en forme...

je me suis mis au jogging... mais avant, il m'a fallu apprendre à courir. À l'école, on n'apprend pas à courir, on court, c'est tout.

l'idée n'est pas de courir comme une dingue, mais de te donner un but...

mon amie Audrey

tu dois donc trouver le rythme qui va te permettre d'y arriver...

T'as envie d'arriver à quoi ?

réussir à faire un tour du luco

(soit 2 km)

FOU FOU FOU

TOUT DOUCEMENT

tu cours très très lentement

Si tu fatigues, tu ralentis, ... tu marches même ...
mais tu ne t'arrêtes pas !

dès que tu commences à courir régulièrement, tu sens qu'il te faut du bon matériel...

il me faut aussi le legging et le tee-shirt qui évacuent la sueur pour rester au chaud...

Quand j'ai essayé ma tenue, j'avais l'impression d'être une déesse du run

et j'ai commencé à avoir des tics ridicules

j'aime le run parce que tu as juste besoin de tes chaussures

...de ta musique...

et hop, t'y vas...
– pas d'horaire
– pas de gens à attendre, t'es dépendant de personne

FREEDOM

Pour courir mieux, je vais me préparer une play list...

Tu cours assise, maintenant ?

Tic Tic Tic

Margot, ma fille aînée

l'iPod est un objet RÉVOLUTIONNAIRE. sans lui, je n'aurais jamais couru. Grâce à lui le temps passe plus vite, tu oublies que tu cours, et quand tu n'as plus d'énergie, il te suffit de trouver la chanson qui t'aidera à finir le parcours...

non, pas celle-là...

pas celle-là...

j'suis dead...

AAARRRH!!

NON!

play list de merde!

oh, putain!

oh! la vache! Quelle liste pourrie!

avec l'iPod un simple :

ça donne :

du coup, on ne dit plus bonjour et les gens pensent :
"elle se prend pour qui cette connasse à pas dire bonjour?!"

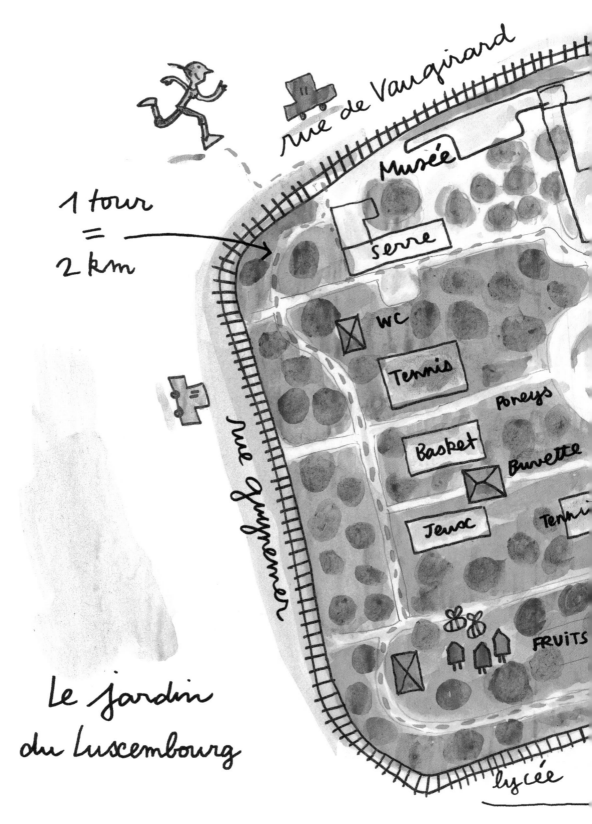

1 tour
=
2 km

Le jardin
du Luxembourg

rue de Vaugirard

Musée

serre

rue Guynemer

WC

Tennis

Poneys

Basket

Buvette

Jeux

Tennis

FRUITS

lycée

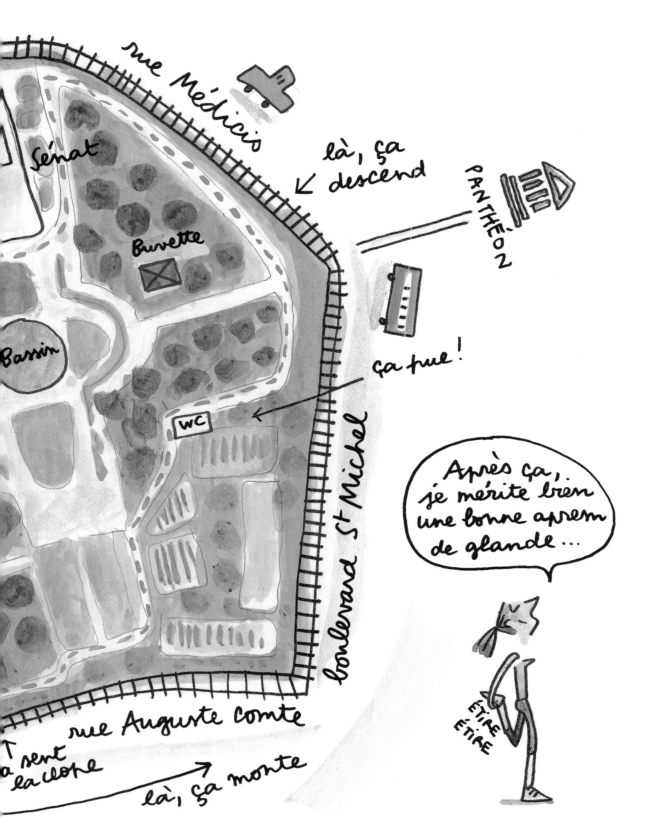

"Ce jour-là, sans aucune raison particulière, je décidai de courir...

j'aimerais avoir, moi aussi, ce truc où tu cours sans t'arrêter...

... Comme si la douleur et l'ennui
n'existaient pas...

...n'être que
j'suis
trop
intelligente
v

un jour tu veux savoir si tous ces efforts finissent par porter leurs fruits

QUOI! comment je peux peser 66 Kg alors que je rentre dans un 38 ?

j'y comprends rien...

avant, quand j'étais mince, à 16 ans, je pesais 56 Kg...

poids plume

peut-être que mon gras s'est transformé en plomb...

I'll be back

ça va pas faciliter mon running...

Je déteste tous ceux qui courent facile

ceux qui courent en parlant...

les pompiers que je ne vois que quelques secondes tellement ils vont vite ...

ceux qui font trois tours pendant que je n'en fais qu'un...

les vieux qui te doublent...

et celle que je double qui ne le supporte pas...

alors, elle accélère pour me doubler à son tour,
je finis par la rattraper, parce qu'elle court
moins vite que moi, et je la double à nouveau,
elle recommence, elle accélère ... me double et
fait une petite pointe de vitesse pour me distancer...
et comme mon rythme est régulier, je finis
encore une fois par la rattraper ...

le corps est ingrat…

… tu ne fais pas de sport pendant 10 jours, et quand tu reprends, tu souffres…

T'as beau mettre un morceau que t'aimes bien, tu souffres...

et tu te dis, que si tu n'avais pas le cul mou, tu arrêterais immédiatement...

Mais tu as le cul mou, alors?...

les jours se succèdent ...

j'aime bien,
j'ai de la
boue partout,
ça fait pro...

je repère les habitués
celle qui fait des
échauffements ultra-
poussés

celui qui marche
hyper vite

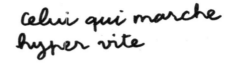

on dirait
L'Homme
qui valait
3
milliards

celui en total look
Ralph Lauren

celle qui vit les
chansons qu'elle
écoute (j'assume à mort)

(what don't
you dance
with me,
I'm not a
limburger ?

il y a aussi
celle qui se vautre

celui qui fait du
bruit avec ses pieds
(je l'entends malgré mon
iPod)

celui qui court en
riant, t'as l'impression
qu'il se moque de toi

celle qui fait
des grimaces

j'vais me
faire pipi
dessus, c'est
HORRiiiiBLE...

et puis un jour

Quand je fais du sport, je croise souvent la même personne, elle doit croire que je vis en survêt (j'aime moyen l'idée)

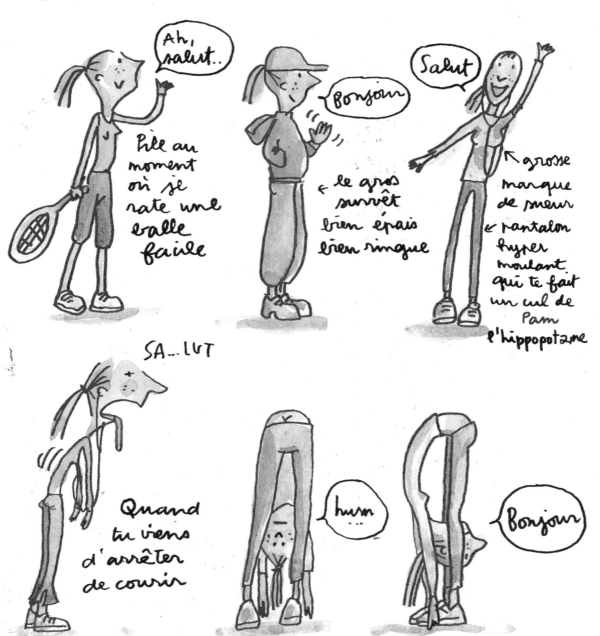

Après le sport, je finis souvent au café, une façon de savourer l'effort.

La Croix Rouge

Hier, j'étais assise là, belle et bien habillée, et rien, même pas un petit bonjour...

Gérard patron du café La croix rouge

j'fais trop de sport, quand j'suis habilleé normalement on ne me reconnaît pas.. bouh ouh ouh...

c'est pas pire que celui qui ne me reconnaît pas alors qu'on a couché ensemble...

mon amie Agathe

et peu à peu, le sport entre dans ma maison...
Alors que je me trouve démente dans mon nouveau look...

c'est quoi ce jogging ?

verte chic ↘

← chemisier

bas de survêt ↗

lili, ma deuxième fille

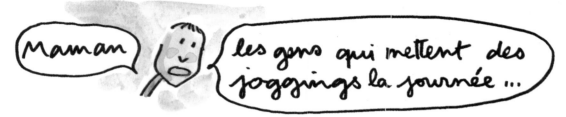

Maman... les gens qui mettent des joggings la journée...

• Soit ils sont dépressifs

• Soit ils sont profs de gym

Bouh ouh ouh

il m'a quittée, personne ne m'aime... Bouh ouh ouh, File-moi les Sprits® et le paquet de chips ...

TRRLLLPPPPP

... le pire des métiers :

– t'es en survêt toute la journée
– tu pues la transpi
– tu sifflotes lamentablement

alors, t'arrêtes tout de suite !

et tu t'habilles correctement !

t'es une maman, enfin !

Comme tu sais que si tu rates un jour, tu vas le payer cher, tu y vas même quand il fait 3°.

Et tu y vas, même à −4°

Bonjour
< Agathe

Salut >
Sol

Au début, tu joues très mal, tellement t'as de couches...

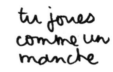

merde

Avec les gants, la raquette glisse...

HEY

zzzzziii

t'entends pas les balles avec le bandeau et le bonnet...

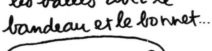

tu me parles ?

tu joues comme un manche

pitoyable

Au fur et à mesure, tu retires des couches et tu joues mieux...

Après t'es hyper fière d'avoir fait autant d'efforts

j'suis en voiture, j'te ramène ?

j'habite à 200 m... mais d'accord

Voici les habitués des dimanches d'hiver

celle qui court
en canadienne

celui qui court en
survêt en polaire

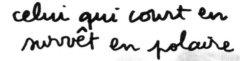

celui qui court
la tête de travers

celle qui a fait
8 kilomètres

(the brain)

J'essaie de courir deux fois par semaine...

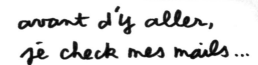
avant d'y aller,
je check mes mails...

je jette un œil sur les dessins faits la veille...

je les corrige un peu et j'en commence des nouveaux...

3 heures après...

Ça y est ! je reviens du vélo !

T'as bien couru ?

my husband

Évidemment, ma mauvaise conscience me pousse à y aller le lendemain matin...

et à force tu commences à y croire...

un marathon
42,195 km

MARATHON
VILLE   athènes

messager grec
Phidippidès

les 100 km de Millau

Encore   BRAVO

la Diagonale des Fous

163 km
île de
la
réunion

LA
RÉUNION

OCÉAN
INDIEN

l'ultra rail
166 km
autour
du
Mont-Blanc

Trans America
5.600 km
de
Los Angeles
à New York

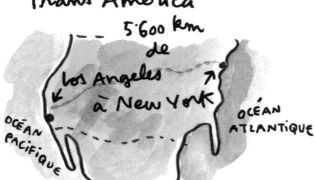

OCÉAN
PACIFIQUE

OCÉAN
ATLANTIQUE

L'ÉQUIPE

SOLEDAD A IMPOSÉ
UNE CADENCE INFERNALE
AUX AUTRES COUREURS
BLA BLA BLA BLA...

les jours passent

Parfois, je dis aussi :

j'irais
bien courir

c'est comme si, d'un coup, je me dédoublais pour me regarder dire ce truc totalement aberrant

comme si mon vieux moi n'avait pas enregistré mes nouvelles données...

ça va pas
de dire des
conneries pareilles...
Réveille-toi !

Mais, pourquoi une fille qui ne faisait pas du tout de sport en fait maintenant 4 fois par semaine?

Au début, j'en ai fait pour ne pas être vieille avant l'âge...

... pour me muscler...

et pour être en bonne santé...

... et puis, je suis passée à une autre phase

cette valorisation m'a régénérée...

je suis plus calme...   ... plus forte...   je me suis créé un bouclier contre les mauvais karma

L'adolescence de mes enfants est un très très mauvais karma... C'est dingue ce qu'on peut être 😡 💀 ⚡ quand on est ado...

L'adolescence de mes enfants est un mauvais karma, donc...

pour éviter de les passer par la fenêtre...

... de devenir boulimique...

... alcoolique ...

... dépressive...

ou suicidaire ...

pour lutter contre les

Ça ne s'est pas
arrangé l'été,
sur la côte basque...

En bref, ça a donné ça ...

J'ai donc découvert leur poil à la main gigantesque...

Merde, ! j'ai oublié d'enlever mon caleçon... pas grave, j'vais le couper ...

ANJUNA ! APPORTE-MOI DES CISEAUX !

mon neveu Corto

CORTO ENLÈVE TA COMBI!

oh, non! ça me saoule!

c'est horrible, tout le monde va voir que j'ai un caleçon

j'vais courir

J'ai constaté leur obsession du look

chapeau
← greffé

TIC téléphone greffé
TIC ←

← Blackberry
messenger

"TIC TIC TIC
← Facebook

← ordi gréffé

Margot

obsession qui devient assez vite irritante...

l'été, ma fille lili
se ballade partout
avec son casque...
c'est une
deuxième
peau.

Tous les matins, mon neveu Alban
se sèche la mèche

VROOOOUM

pour être comme ça

mais malgré le séchage et le gel,
ça ne tient pas, alors toute la journée
il est comme ça :

Quel crétin j'vais courir

je vous jure que c'est vrai

mais j'ai surtout profité de leurs petites réflexions...

Maman, j'ai rêvé que tu te faisais opérer des cernes

Margot

donc, pour décompresser :

Quel bonheur de courir sur la plage...
la mer, le sable, le soleil, les surfeurs...

j'ai pu apprécier leurs questions intéressantes

est-ce que si je mets de l'eau bouillante sur mes boutons, ils partent?

corto

remarqué leur totale absence de la notion de l'argent

j'ai bénéficié plainement de leur participation
à la vie d'une maison

1 heure du mat

séries en continu

midi

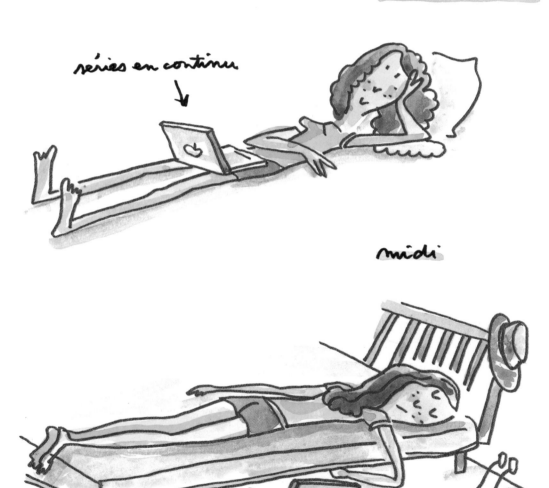

sans oublier leurs petites remarques...

l'incompréhension commence à gagner du terrain

lili et Anjuna

une impression de vivre dans un monde différent

Lili et Anjuna

un monde très très lointain

corto, mon neveu

et les petites phrases font de plus en plus mal

Margot

cette attitude finit par rendre dingue

 Dis donc
Margot,
t'aurais pu
mettre la
table...

j'ai pas
que ça
à faire..

 oh, et puis
ça va, j'ai mis
la table hier,
c'est pas comme
si je faisais
rien...

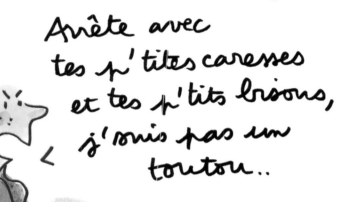

ce ton devient ultra-crispant

j't'ai déjà dit
que j'aimais pas
qu'on me parle
le matin
∨

lili

NON, MAMAN, T'ES TROP GROSSE...

Pas de ce côté, t'as un bouton...

et les scuds ne ratent jamais leur cible

c'est dingue Papa comme tu fais plus jeune que maman ...

Margot

et mon mari et sa naïveté déconcertante...

les filles
ne le cherchez
plus... j'ai
retrouvé mon
cache-col de
vélo...

Que tu puisses
penser qu'elles
le cherchent...
c'est magnifique ...

Bilan des vacances

j'ai un peu l'impression
d'avoir passé mes vacances
dans la voiture

mon mari s'est fait
retiré son permis

donc, j'ai fait
office de chauffeur

car sur un 50 cc ...
avec un longboard, les
manoeuvres
deviennent
délicates

c'est à lui qu'on
l'a enlevé mais c'est
moi qui suis punie

je
retournerais
bien surfer
...

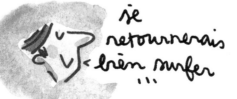

aller au
marché
de Biarritz

aller au
carrouf

aller chercher
le surfeur

aller chez mes bops
à Narbonne

aller chercher les
invités à
l'aéroport

ramener les invités
à l'aéroport

aller chercher
mon père à la gare...

aller chercher, le
lendemain, ma belle-
mère à la gare...

(pas foutus de prendre
le même train)

les ramener à
la gare...

aller chercher mon frère
à l'aéroport qui vient
pour la 2e fois...

aller manger des
tapas à San Sebastian

ramener tout le monde
de San Se'

ramener mon frère à l'aéroport pour la 2ᵉ fois

emmener les enfants au cinéma à Bayonne

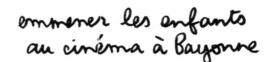

emmener ma fille de 17 ans en boîte

aller chercher ma fille en boîte

on doit passer prendre gaspard, camille...

la vache !

la vache !

tenter de ne pas écraser de jeunes..

le Hibou

supporter les poivrots

alors, on se balade toute seule dans une grande voiture...

Va cuver ton whisky ailleurs, Pauvre ado attardé !!

emmener le fils de mon frère à l'aéroport car il n'a pas été capable de trouver un billet le même jour que moi...

HELP!

arrête de faire ta vicos... TicTic Tic

...ouais, ta petite victime...

Retour à Paris

je retrouve mes amis du jardin

celle qui court avec
ses lunettes dans le dos

celui qui gigote

celle qui travaille
à la télé

celui qui court avec
le tee-shirt dans la
poche

ceux qui courent
en couple

celui qui court avec
une bouteille

Mais la rentrée, c'est surtout...

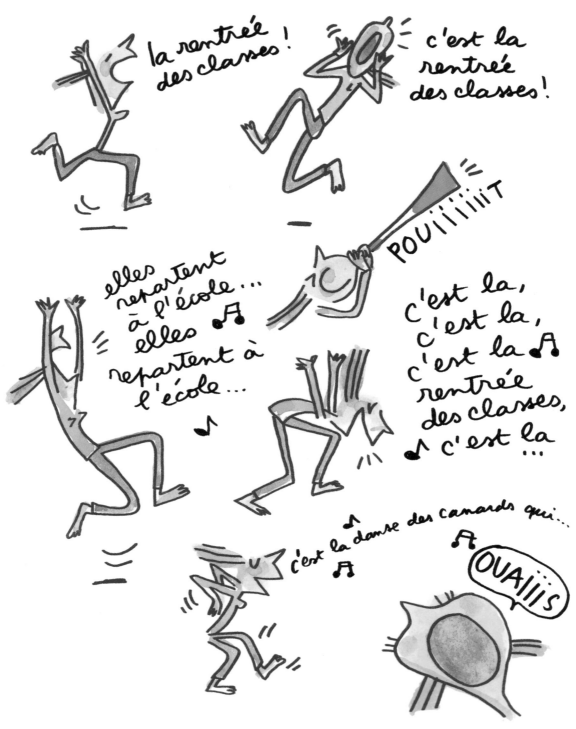

la rentrée ! des classes !

c'est la rentrée des classes !

POUIIIIIIIT

elles repartent à l'école... elles repartent à l'école...

c'est la, c'est la, c'est la rentrée des classes, c'est la...

c'est la danse des canards qui...

OUAIIIS

126

Épilogue

L'adolescent est très fatigant, très égoïste, très désagréable, très injuste, très ingrat, très feignant, très mal élevé, mais il faut certainement ça, pour couper le cordon très très solide qui le relie à ses parents ...

Heureusement, parfois il y a un mot, un geste, une attention qui efface tout... jusqu'au prochain scud !

Merci à Tatiana Jenny, Nathalie Laurent et à Luc Desportes pour tous leurs conseils, leur aide et leur générosité,

Merci à Lili, pour son avis, son aide quotidienne et son regard bienveilleillant sur mon travail,

Merci à Margot et à tous les ados qui m'entourent de m'avoir mise au sport,

Merci à Laetitia Lehmann mon éditrice, pour sa patience et son sourire.

SOLEDAD